Courage

Courage

Raina Telgemeier

Mise en couleurs de Braden Lamb

Texte français de France Gladu

SCHOLASTIC

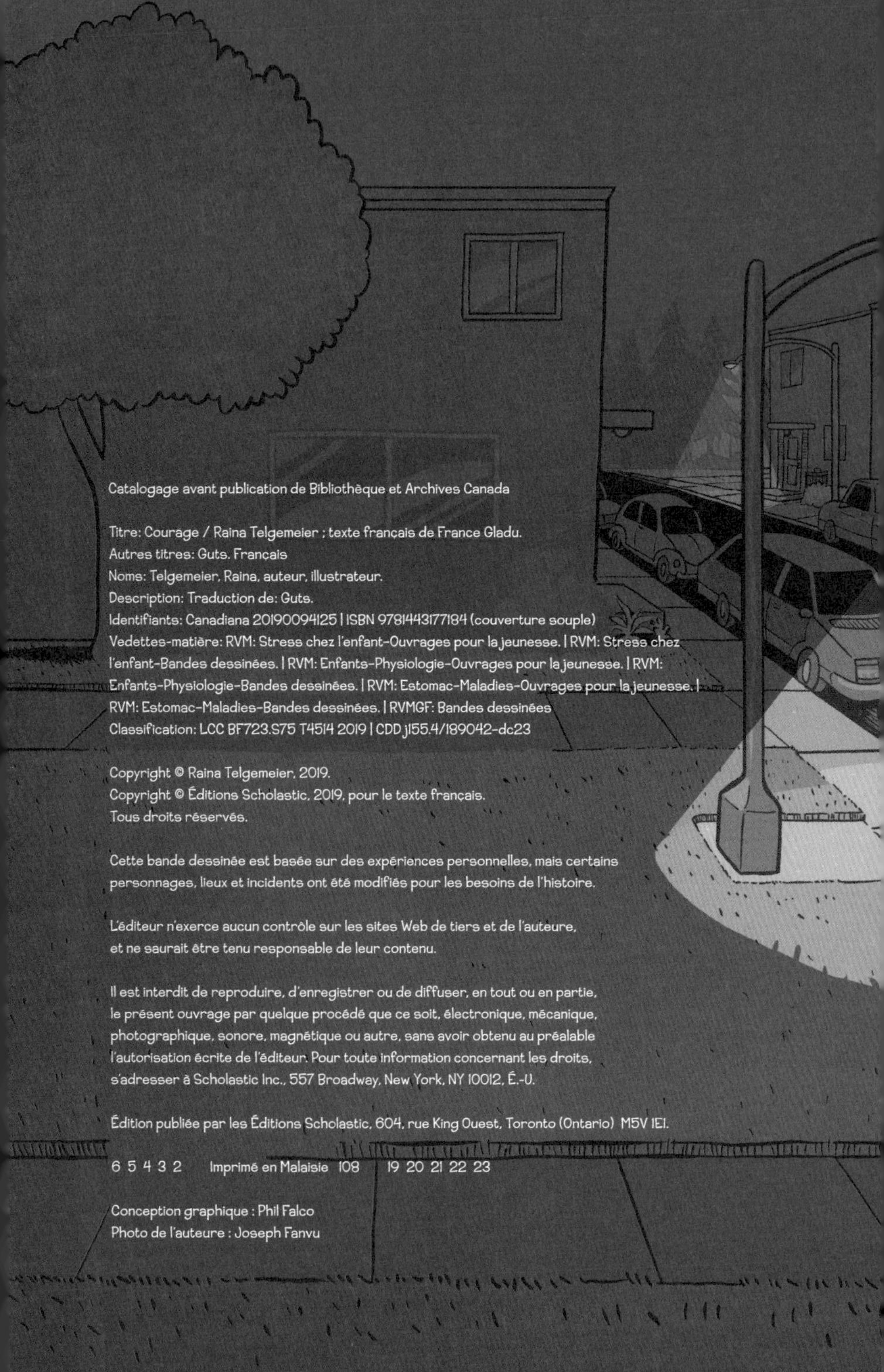

Catalogage avant publication de Bibliothèque et Archives Canada

Titre: Courage / Raina Telgemeier ; texte français de France Gladu.
Autres titres: Guts. Français
Noms: Telgemeier, Raina, auteur, illustrateur.
Description: Traduction de: Guts.
Identifiants: Canadiana 20190094125 | ISBN 9781443177184 (couverture souple)
Vedettes-matière: RVM: Stress chez l'enfant–Ouvrages pour la jeunesse. | RVM: Stress chez l'enfant–Bandes dessinées. | RVM: Enfants–Physiologie–Ouvrages pour la jeunesse. | RVM: Enfants–Physiologie–Bandes dessinées. | RVM: Estomac–Maladies–Ouvrages pour la jeunesse. | RVM: Estomac–Maladies–Bandes dessinées. | RVMGF: Bandes dessinées
Classification: LCC BF723.S75 T4514 2019 | CDD j155.4/189042-dc23

Cette bande dessinée est basée sur des expériences personnelles, mais certains personnages, lieux et incidents ont été modifiés pour les besoins de l'histoire.

Édition publiée par les Éditions Scholastic, 604, rue King Ouest, Toronto (Ontario) M5V 1E1.

6 5 4 3 2 Imprimé en Malaisie 108 19 20 21 22 23

Conception graphique : Phil Falco
Photo de l'auteure : Joseph Fanvu

À tous ceux et celles qui ont peur

AM
2:36
FM 88 92 96 100 104 108 MHz
AM 5.3 6 7 8 10 12 14 16 x100KHz

Z

M'MAN?

QU'EST-CE QU'IL Y A, CHÉRIE?
J'AI MAL AU VENTRE...

AS-TU ENVIE DE VOMIR?

NON!
JE... J'SAIS PAS!

J'AI VOMI IL Y A UNE VINGTAINE DE MINUTES...

ON A PEUT-ÊTRE ATTRAPÉ LA GRIPPE INTESTINALE DE TA SŒUR.

ESSAIE, TU TE SENTIRAS MIEUX APRÈS.

...

J'SAIS PAS COMMENT FAIRE.

EH BIEN, QUAND TON CORPS SERA PRÊT, TU...

HIC!

BEUARK!
HEURK!
BLEURGH!
POUAH!

FSSCH
ARGHHH...
BRAVO, CHOUPETTE. TIENS, BOIS UN PEU D'EAU.

gloup

POURQUOI EST-CE QUE C'EST **SUCRÉ?!**

C'EST LES ARTICHAUTS.
HEIN?

ON A MANGÉ DES ARTICHAUTS AU SOUPER. ILS CONTIENNENT UN ÉLÉMENT CHIMIQUE QUI DONNE À L'EAU UN GOÛT SUCRÉ. C'EST LA MÊME CHOSE QUI SE PRODUIT...
QUAND ON LES VOMIT!

DÉGUEU.
ESSAIE DE DORMIR UN PEU, TU VEUX?
MMM.

!

HEURK!!!

BLEURGH

CHÉRIE...
POUSSE-TOI! IL FAUT
QUE JE...

ET ALORS, MA MÈRE ET MOI, ON A PASSÉ LA NUIT À DÉGUEULER!
...
...
RAINA, TU ES DÉGOÛTANTE!
DÉSOLÉE, NICOLE.

LA QUATRIÈME ANNÉE SE RÉSUME À UN LONG CONCOURS DU PLUS DÉGOÛTANT.
POUET
POUET
POUET

ENCYCLOPÉDIE DES TRUCS DÉGUEU

CAFÉ...
THÉ...
LAIT FRAPPÉ...

PIPI!

PLEUBBLTTT!
HÉ!

HÉ! VOUS AUTRES!
CETTE ANNÉE-LÀ, LA GRIPPE INTESTINALE NE NOUS A PAS ÉPARGNÉS.
TABLE 5

FABIEN SAINT-AUBIN A VOMI DANS LA COUR À LA FIN DE LA RÉCRÉATION...

PRINTEMPS

ET SON **CRAYON** EST TOMBÉ DEDANS!

PAUVRE FABIEN.

JE NE VOUDRAIS **PAS** QUE ÇA M'ARRIVE.

QUELQUES JOURS PLUS TARD, LORSQUE FABIEN EST REVENU À L'ÉCOLE...

VOMI D'CRAYON!!!

VOMI D'CRAYON!
VOMI D'CRAYON!
VOMI D'CRAYON!
VOMI D'CRAYON!
Ha Ha Ha
Ha Ha Ha
Ha
Ha

J'ÉTAIS UNE FILLE NERVEUSE.
TEST
COMPLEXÉE.
TIMIDE.
SILENCIEUSE...
ENFIN, LA PLUPART DU TEMPS.
VOUS AVEZ VU L'EXPRESSION DE CALVIN DANS LA TROISIÈME CASE? C'EST GÉNIAL, NON?!
IL FAUT VRAIMENT OBSERVER DANS UN MIROIR PARFOIS POUR SAVOIR COMMENT LE VISAGE RÉAGIT.
ÇA ME RAPPELLE UN DESSIN ANIMÉ QUE J'AI VU L'AUTRE JOUR À LA TÉLÉ...

OH! VOUS LES BOLLÉES ET VOS STUPIDES DESSINS ANIMÉS.
TECHNIQUEMENT, CECI EST UNE **BANDE DESSINÉE,** TU VOIS?
FOUIP!
ÇA VA, LA TECHNIQUE! DIS-NOUS PLUTÔT CE QUE TU MANGES CE MIDI...
DE LA BOUFFE POUR CHIENS?
TU DIS N'IMPORTE QUOI, MICHELLE! C'EST DU KIMBAP ET DU JUMUK BAP!
C'EST MA MÈRE QUI LES A FAITS! C'EST VRAIMENT BON!
Hé!
TU NE CONNAIS RIEN!

TU MANGES DES TRUCS BIZARRES... C'EST UN FAIT.
CE N'EST PAS UN FAIT.
MICHELLE EST MÉCHANTE, C'EST TOUT.
À PROPOS DE TRUCS BIZARRES, TU DEVRAIS VOIR COMMENT **MA** FAMILLE MANGE.
J'AIME LA PIZZA, LES BOISSONS GAZEUSES, LA CRÈME GLACÉE, LES SANDWICHS AU BEURRE D'ARACHIDE ET À LA CONFITURE, LES TACOS ET LES CROUSTILLES.
J'AI VRAIMENT UN GROS FAIBLE POUR LES CROUSTILLES.

MON PETIT FRÈRE, WILL, A SEULEMENT UN AN ET DEMI. IL MANGE DES MINI-CAROTTES, DES **COQUILLES** À TACOS, DU CHEDDAR RÂPÉ ET DES SPAGHETTIS CRUS. C'EST TOUT.

MA SŒUR, AMARA, A CINQ ANS. ELLE AIME LA SALADE, LES FRITES ET LE KETCHUP. TELLEMENT DE KETCHUP! ELLE MANGE DE LA PIZZA, MAIS ELLE ENLÈVE D'ABORD LE FROMAGE.

MON PÈRE ADORE LE FROMAGE.
SUR LA PIZZA?

HEIN? OH! OUI, ON EN MANGE TOUS.
SAUF TA SŒUR.

MON PÈRE AIME **VRAIMENT** LE FROMAGE. VRAIMENT, VRAIMENT.

VOILÀ CE QU'ON MANGE POUR SOUPER!

EXTRA FORT

ET LE REPAS PRÉFÉRÉ DE MA MÈRE? ÉCOUTEZ BIEN ÇA : UN VERRE DE LAIT, UN ARTICHAUT À LA VAPEUR ET DE LA MAYONNAISE.

MMM.

MÊME SI ON LES A VOMIS L'AUTRE JOUR?!

CHUT.

MMM.

ANATOMIE

d'un « souper normal » chez nous

SOIRÉE TACOS? TROP BIZARRE.

OUI, MAIS C'EST SOIRÉE TACOS GENRE QUATRE FOIS PAR SEMAINE.

222

SALUT M'MAN! QU'EST-CE QU'ON... OH.
HARICO
TACOS AU M

PLUS TARD
sleurp
Hi! Hi!

M'MAN? TU PEUX VENIR EN HAUT?

QU'EST-CE QU'IL Y A, RAINA? ÇA VA?

. . .

TU ES ENCORE MALADE, MA CHÉRIE?
JE...
JE PENSE QUE OUI...
han... han...
brrrrr brrrrr brrrrr

JE N'AI
PAS VOMI.

MAIS JUSTE L'IDÉE QUE ÇA PUISSE ARRIVER...
NOOON!

AAAAAAH!!!
ÉTAIT PIRE QUE D'AVOIR VRAIMENT VOMI.

RAINA EST MALADE, M'MAN?
OUI. ELLE A BESOIN DE REPOS.

« MALADE » N'ÉTAIT PAS TOUT À FAIT LE BON MOT.
MAIS ASSURÉMENT, QUELQUE CHOSE N'ALLAIT PAS.

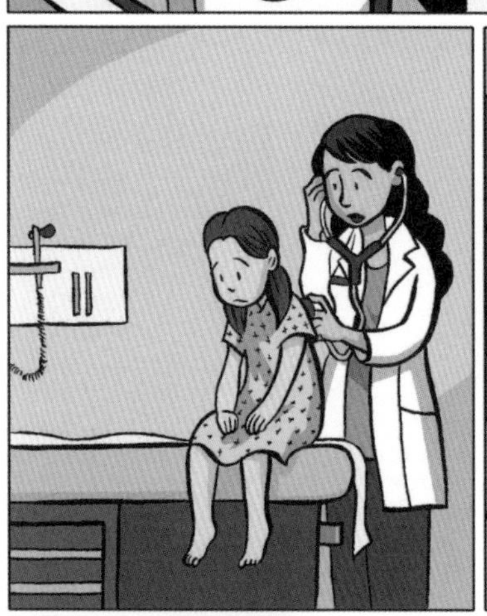

TU AS UNE SANTÉ DE FER!

CE SONT PEUT-ÊTRE TES HORMONES QUI RÉAGISSENT... PEUT-ÊTRE QUE C'ÉTAIT UN LÉGER EMPOISONNEMENT ALIMENTAIRE.

PEUT-ÊTRE. MAIS ÇA N'EXPLIQUAIT PAS POURQUOI J'AVAIS EU SI **PEUR.**
RETARD
ALLEZ, TOUT LE MONDE, ON CONTINUE NOTRE TEST...
2. Après le souper, il reste 5/8 de la pizza. Ce soir-là, votre sœur mange les 2/8 de la pizza. Combien en reste-t-il ensuite?
3. Henri dépense 4/9 de son argent pour des cartes de baseball
C'EST AVEC OU SANS FROMAGE?
TABLE 3

Hi!
Hi!
scrich

FAITES PASSER VOS TESTS VERS L'AVANT, TOUT LE MONDE.

Test de mathématiques
Nom :
Date : 3 juin
1. Jennifer a 12 marqueurs : 2 sont jaunes, 3 sont orange, 4 sont rouges et 3 sont violets. Quelle fraction représentent les marqueurs jaunes?
Ce serait plus facile avec des crayons de couleur!
2. Après le souper, il reste 5/8 de la pizza. Ce soir-là, votre sœur mange 2/8 de la pizza. Combien en
-t-il ensuite?
ark!
3. Henri dépense 4/9 de son argent pour des cartes de baseball. Quelle fraction de son argent reste-t-il?
Le baseball c'est nul!
Mon papa
4. Marie lit 3/5 des 75 pages. Combien
5. Les 3/5 des élèves de la classe sont des filles. S'il y a 25 élèves, combien y a-t-il de filles?
15
6. Vous faites du pouding pour cinq amis. La recette requiert 1/4 de tasse de sucre par portion. De combien de sucre aurez-vous besoin?
1 1/4
7. La moitié des élèves de l'école sont des filles. Les 3/5 de ces filles mangent leur lunch à l'école. Quelle est la fraction des filles qui mangent à l'école?
viande mystère
8. 4/6 des 12 stylos dans un étui à crayons contiennent de l'encre noire
Combien de stylos à encre noire y

LE LENDEMAIN
RAINA, TU N'AS RÉPONDU QU'À DEUX DES HUIT QUESTIONS.

EST-CE QUE TOUT VA BIEN À LA MAISON?

TES PETITS DESSINS SONT TRÈS JOLIS... TU RÉSOUS LES PROBLÈMES DE MANIÈRE VISUELLE.
Test de Mathématique
Nom : Raina
Date : 3 Juin

MAIS JE SUIS QUAND MÊME OBLIGÉE DE TE DONNER LA NOTE DE « D- ».

J'AI MAL AU VENTRE.

NOTRE MAISON EST MINUSCULE. IMPOSSIBLE D'AVOIR UN PEU D'INTIMITÉ.
L'ENDROIT LE PLUS TRANQUILLE EST LA SALLE DE BAINS!
MAIS UNE SEULE SALLE DE BAINS POUR CINQ PERSONNES (DONT L'UNE APPREND À DEVENIR PROPRE), CE N'EST PAS TOUJOURS ÉVIDENT.
BANG
RAINA!
AS-TU FINI?
BANG
C'EST URGENT!
J'AI BESOIN DE MA BROSSE À DENTS!

HEUREUSEMENT, PENDANT L'ÉTÉ, NOUS SOMMES UN PEU MOINS ENTASSÉS.
BZZZ

OUAH!

Tacos aux haricots

UN PEU MOINS.
AMARAAAAA...
JE ME DÉPÊCHE!

SEPTEMBRE : J'ENTRE EN CINQUIÈME ANNÉE (ET MA SŒUR, À LA MATERNELLE!).
Piquant!
Moche!
Chic!

JANE ET NICOLE SONT ENCORE DANS MA CLASSE!
SALLE 2

MICHELLE AUSSI.

MON PROFESSEUR EST M. ABRAMS. IL A DÉJÀ ÉTÉ MON ENSEIGNANT, EN DEUXIÈME ANNÉE.
BONJOUR RAINA! CONTENT DE TE REVOIR!
OUAIS!

L'UNE DES CHOSES QUE NOUS ALLONS FAIRE EN CLASSE CETTE ANNÉE...
EDI!

CE QUI VEUT DIRE
EXPOSER,
DÉMONTRER OU
INSTRUIRE!

VOUS POUVEZ PRÉSENTER PRESQUE N'IMPORTE QUEL SUJET.
EXPOSER
Parlez-nous de quelque chose!
DÉMONTRER
Faites valoir un talent ou une habileté!
STRUIRE
couragez les élèves à
er de choses nouvelles!

LES PRÉSENTATIONS ORALES EDI AURONT LIEU TOUS LES MARDIS. VOUS POUVEZ ME SOUMETTRE VOS PROPOSITIONS À N'IMPORTE QUEL MOMENT!
OUI, TAÏ?

EST-CE QUE JE PEUX DÉMONTRER COMMENT DIRE L'ALPHABET EN ROTANT?
Ha
Ha
Ha
Ha
Ha
Ha

UNE PRÉSENTATION.
ORALE.

JE DÉTESTE PARLER DEVANT LA CLASSE.

JE POURRAIS PEUT-ÊTRE MONTRER COMMENT JE DESSINE... MAIS DESSINER DEVANT DES GENS, C'EST **DIFFICILE**.
UN CONCOURS DE PETS!

ET INSTRUIRE, C'EST COMME ENSEIGNER. JE N'ARRIVE PAS À M'IMAGINER EN TRAIN D'ENSEIGNER QUOI QUE CE SOIT À CES ÉLÈVES.

JE ME DEMANDE S'IL EST TROP TARD POUR CHANGER DE CLASSE.
UNE DERNIÈRE CHOSE!

VOUS POUVEZ FAIRE VOS PRÉSENTATIONS EN ÉQUIPES DE DEUX, SI VOUS VOULEZ.
ALORS...
JANE, TU VEUX FAIRE L'EDI AVEC MOI?
OH! OUI!
ON CHOISIT QUOI, COMME SUJET?
EN QUOI EST-CE QU'ON EST EXPERTES?
Hmmmmmm.
LES JEUX VIDÉO?
JE JOUE SEULEMENT QUAND JE VIENS CHEZ TOI.
LES BD?
JE LIS CELLES QUE TU APPORTES À L'ÉCOLE, MAIS C'EST TOUT.

QU'EST-CE QU'ON A EN COMMUN, TOI ET MOI?
ON EST... DES FILLES...
OUAIS...
ON A DES FRÈRES ET DES SŒURS PLUS JEUNES... ON AIME LES MÊMES SÉRIES À LA TÉLÉ... ON EST TOUTES LES DEUX...

DES JEANNETTES!

EDI DU JOUR

LES JEANNETTES!

Un exposé de Jane et Raina

LE MOUVEMENT DES JEANNETTES A ÉTÉ FONDÉ EN 1912 PAR JULIETTE GORDON LOW À SAVANNAH, EN GÉORGIE.
EDI DU JOUR

VOICI LE LOGO DES JEANNETTES!

RAINA ET MOI SOMMES TOUTES LES DEUX DANS LA TROUPE 415. J'AI COMMENCÉ L'AN DERNIER...
JUSQU'À PRÉSENT, TOUT VA BIEN.

NOUS FAISONS DES TAS DE TRUCS CHOUETTES : DU CAMPING, DU BÉNÉVOLAT, DES VENTES DE BISCUITS...

ET LE MEILLEUR DE TOUT ÇA : NOS INSIGNES!

RAINA VOUS EN DIRA PLUS SUR LE SUJET!

...

gloup

BISCUIT 87
CAMP IDA SMITH

EUH...
LES INSIGNES DES JEANNETTES...
SONT...
GROUIC
DÉSOLÉE, MONSIEUR ABRAMS...
Ha!
Ha!
Ha!

FILLES
VENTE DE PÂTISSERIES
Jeudi 3 oct.
De 10 h à 12 h
GARÇONS
C'EST TELLEMENT EMBARRASSANT.
J'AI FAILLI FAIRE DANS MON PANTALON. PIRE QU'UNE ENFANT DE MATERNELLE...
RAINA?

OH!!! EUH... JANE, C'EST TOI?
frrt
frrt
frrt

OUI, M. ABRAMS M'A ENVOYÉE VOIR SI TU ALLAIS BIEN. ÇA VA?

FSSCH
JE PENSE QUE OUI...

MAINTENANT JE SUIS CENSÉE T'ACCOMPAGNER AU BUREAU DE L'INFIRMIÈRE.

UN MAL DE VENTRE? C'EST BIEN ENNUYEUX...

VIENS T'INSTALLER ICI, DANS LA PETITE SALLE, AVEC ANDRÉ ET SERENA.
ILS ONT LA GRIPPE INTESTINALE, EUX AUSSI.
Serena est couchée...
André est assis...
Et à leurs pieds...
Le SEAU À VOMI tant redouté.

COUVREZ VOTRE
TOUSSEZ

INFIRMIÈRE

ÇA VA
ALLER.

HORAIRE KICKBALL
?
FILLES

...
La comète de Halley

ALORS...

BÉBÉ A FAIT DANS SA COUCHE?

NON!!!

IL Y A UN PROBLÈME, RAINA?

MICHELLE A DIT QUE J'AVAIS... EUH... ELLE M'A DEMANDÉ SI... JE...

LAISSEZ TOMBER.
ESSAIE D'ÊTRE UN PEU PLUS GENTILLE AVEC MICHELLE, D'ACCORD?
QUOI?!
C'EST ELLE QUI EST MÉCHANTE!
ÇA SUFFIT, J'EN AI ASSEZ ENTENDU.
MAIS CE N'EST PAS JUSTE!
PASSONS À LA COMPRÉHENSION DE TEXTE. OUVREZ VOTRE CAHIER D'EXERCICES À LA PAGE 26...

BÉBÉ... A FAIT...
DANS SA COUCHE...
...

PLUS TARD
LA BANDE À PICSOU, WOU-HOU!
ALLÔ! VOUS AVEZ FAIM, PAR HASARD?

DE LA PIZZAAAAAAAAAAAAA!
(sans fromage)
Meilleure pizza en ville

JE VAIS ALLER M'ÉTENDRE.
EST-CE QUE TOUT VA BIEN, CHOUPETTE? IL SE PASSE QUELQUE CHOSE DONT TU VEUX PARLER?
J'SAIS PAS.

DANS SON MESSAGE, M. ABRAMS DIT QUE JANE A OBTENU UN « A » POUR L'EDI, MAIS QU'IL PEUT SEULEMENT TE DONNER UN « B- » PARCE QUE TU N'AS PAS PRÉSENTÉ TA PARTIE DE L'EXPOSÉ ORAL.
QU'EST-CE QUI S'EST PASSÉ?
JE... JE ME SUIS SENTIE HYPER STRESSÉE TOUT D'UN COUP. J'SAIS PAS POURQUOI!
JE PENSAIS QUE J'ALLAIS **VOMIR!**
MAIS... TU N'AS PAS VOMI!

NON... MAIS IL FALLAIT VRAIMENT QUE J'AILLE AUX TOILETTES.
« NUMÉRO DEUX. »
JE VAIS PARLER À TON PROFESSEUR, D'ACCORD? POUR L'INSTANT, ESSAIE DE TE REPOSER UN PEU.
NE LUI DONNE PAS TROP DE DÉTAILS.
JE NE VEUX PAS QUE TOUT LE MONDE PENSE QUE JE SUIS UN BÉBÉ QUI FAIT DANS SA COUCHE.

DRINNNGGG

J'AI TELLEMENT FAIM.

Reste d'artichaut froid

BLAH!

J'AI TELLEMENT FAIM.

Le souper est servi!
Oh non! Encore des tacos?
Je n'en peux plus, des tacos.
Non! Ce sont des artichauts!
dégueu
beurk
puant
Je donnerais tout pour des tacos.
par Raina

J'AI... TELLEMENT... FAIM...
BONJOUR, MA CHÉRIE, TU VEUX UNE COLLATION?
OH OUI, S'IL TE PLAÎT!

M'MAN?
EST-CE QUE WILL EST MALADE?
OUI.
IL EST RENTRÉ PLUS TÔT DE LA PRÉMATERNELLE.
IL A VOMI?
OUI, PLUSIEURS FOIS.
PRÉFÈRES-TU UN TACO ET UN BURRITO, OU DEUX TACOS POUR SOUPER?
COMMENT PEUX-TU PENSER À LA NOURRITURE EN CE MOMENT?!

LE RESTE DE LA FAMILLE DOIT TOUT DE MÊME MANGER, RAINA.
ET SI NOUS TOMBONS MALADES, NOUS AUSSI?
IL Y A PEU DE CHANCES QUE ÇA ARRIVE.
QU'EST-CE QUE TU EN SAIS?!
RAINA?
BANG
HAAAA!

UN TOUR AUTOUR DE LA COUR... DEUX TOURS AUTOUR DE LA COUR...
TROIS... QUATRE...

DOUZE...
TREIZE...
VINGT!!!
HAN...HAN...HAN...
ET UN AUTRE
POUR LA CHANCE!!!

crounch
crounch
deux tacos froids
WILL S'EST ENDORMI. JE PENSE QU'IL VA MIEUX.
gloup
EST-CE QUE JE PEUX DORMIR DEHORS CETTE NUIT?
NON.

JE PEUX ALLER CHEZ GRAND-MAMAN?
NON, IL EST TROP TARD.
JE PEUX DORMIR DANS L'AUTO?
RAINA.
JE SUPPOSE QUE ÇA VEUT DIRE QUE JE NE DORMIRAI PAS.

LE LENDEMAIN
... ET PEUT-ÊTRE QUE SANS LA COMÈTE, LES DINOSAURES EXISTERAIENT ENCORE AUJOURD'HUI!

...

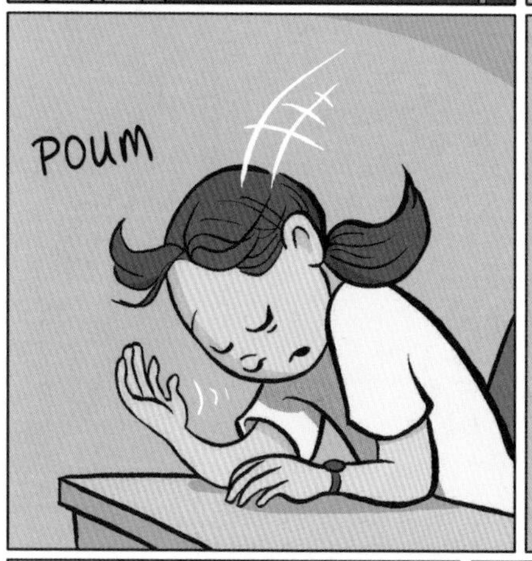
POUM

AH!
ZWIP!

SEULEMENT 11 H 15...
ENCORE **QUATRE** HEURES D'ÉCOLE!

ÇA ME PARAÎT AUSSI LONG QUE 65 MILLIONS D'ANNÉES.

BON SANG, JE N'AI JAMAIS ÉTÉ AUSSI CONTENTE D'ARRIVER À LA MAISON...
AH, C'EST VRAI...
VAS-Y, ENTRE!
?
MOI, JE VAIS... RESTER ICI UN MOMENT.

MA CHÉRIE, QU'EST-CE QU'ON VA FAIRE DE CE... PROBLÈME?

JE... JE SUIS DÉSOLÉE! JE NE VEUX PAS ÊTRE UN PROBLÈME.

DE QUOI AS-TU SI **PEUR?**

DE VOMIR?

SNIF SNIF SNIF
JE DÉTESTE CE MOT-LÀ!
AAAAAAAAAAH
*SNIF SNIF
SNIF*
MAIS VOMIR,
C'EST NORMAL...
ÇA NOUS ARRIVE
À TOUS, PARFOIS!
ENTRE AVEC MOI,
CHÉRIE.
NOOOOON! LA MAISON EST
CONTAMINÉE!
WILL EST COMPLÈTEMENT
RÉTABLI. ALLEZ.
NOOOOOOOOOOON...
OUI.
TU ES ÉPUISÉE.
T-T-T
Tic et
Tac!

ET ENCORE ÇA.
PSS
PSS
ET ÇA, AUSSI.

JE M'ABSENTE TROP SOUVENT DE L'ÉCOLE.
JE T'AI FAIT UNE BOUILLOTTE BIEN CHAUDE.

MAIS L'ÉCOLE EST LE DERNIER ENDROIT OÙ JE VEUX ÊTRE.

ÊTRE MALADE MÊME SI ON N'EST PAS **MALADE...** ÇA SE PEUT?

ÊTRE EN SANTÉ MÊME SI ON A MAL... C'EST POSSIBLE?

BONJOUR, RAINA. JE M'APPELLE LORRAINE.

C'EST MOI QUI SERAI TA PSYCHOLOGUE.

TA MÈRE ET TON PÈRE M'ONT PARLÉ UN PEU DE CE QUI SE PASSE.

JE VAIS LES RENCONTRER À L'OCCASION POUR FAIRE LE POINT, MAIS...

NOUS SOMMES ICI POUR **TOI.** JE VEUX ÊTRE CERTAINE QUE TU TE SENTES À L'AISE!

MERCI, MADAME TELGEMEIER! ON SE REVOIT BIENTÔT.
BONNE CHANCE!

CLIC!

TU ES EN SÉCURITÉ ICI, RAINA.

TU PEUX PARLER DE TOUT CE QUE TU VEUX.

ALORS... TU VEUX BIEN ME RACONTER CE QUI T'AMÈNE AUJOURD'HUI?
AVEC TES PROPRES MOTS?

EUH...
Frère
Sœur
Pas assez d'espace
École
Peur de vomir
MALADIE
C'est...
mort
Personnes méchantes
BD

PEUR DE VOMIR!!!
PEUR DE LA GUERRE NUCLÉAIRE
PEUR de faire
ns mon pantalon
Peur des aiguilles
Peur des médecins
Peur que mes parents meurent
Peur de la CHIRURGIE
Peur des abeilles Peur
d'avoir de mauvaises notes
Peur de
Peur de
SERPENTS
MÉDECINS
GUERRE
DOULEUR
noyade
SUFFOQUER
NULLE en MATH
MORT
STUPIDITÉ!!!
PARLER
MALADIE
ENLÈ-
VE-
MENT
J'SAIS PAS.

LES PENSÉES EXISTENT...
!!!
?
LES SENTIMENTS EXISTENT...

MAIS LES MOTS N'EXISTENT PAS TOUJOURS.
...
CEPENDANT, LORRAINE A DIT UN MOT QUI M'A BEAUCOUP AIDÉE :
ESSAIE.

EUH... D'ACCORD... JE... C'EST... MON PETIT FRÈRE A ÉTÉ...
...
IL S'APPELLE COMMENT, TON PETIT FRÈRE?
IL S'APPELLE WILL.
QUEL ÂGE A WILL?
IL VIENT D'AVOIR DEUX ANS.
TU PEUX ME PARLER DE LUI?
QU'EST-CE QUE VOUS VOULEZ SAVOIR?
TOUT CE QUE TU AS ENVIE DE ME DIRE.
EH BIEN...

Couiiiiiii

ON A TERMINÉ! ON SE REVOIT LA SEMAINE PROCHAINE, D'ACCORD RAINA?
D'ACCORD.

ET PUIS?

C'ÉTAIT COMMENT?
ON A SURTOUT PARLÉ D'AMARA ET DE WILL.

AH OUI? DES TRUCS INTÉRESSANTS?
PAS VRAIMENT! JUSTE LEUR FAÇON D'AGIR ET CE QU'ILS AIMENT.

POURQUOI FAUT-IL QUE J'AILLE CHEZ LE PSY POUR PARLER DE ÇA?!

UN PSYCHOLOGUE CHERCHE À COMPRENDRE TOUS LES DÉTAILS DE TA VIE!
TON HISTOIRE!

ET SON BUT, C'EST DE T'AIDER À TE COMPRENDRE **TOI-MÊME.**

ALORS, ESSAYONS QUELQUES AUTRES SÉANCES.
D'ACCORD?
...

ON DIRAIT QU'IL SE PASSE BEAUCOUP DE CHOSES STRESSANTES DANS TA VIE!

JE SUPPOSE.

PEUX-TU ME PARLER UN PEU DE CETTE CRAINTE QUE TU AS DE VOMIR?

GNEUFFF

EST-CE QUE LE SEUL FAIT D'ENTENDRE LE MOT « VOMIR » TE FAIT PEUR?

OUI.

NOUS EN REPARLERONS À LA PROCHAINE SÉANCE!

ÇA TE VA?

OUI...

LIRE

MONSIEUR ABRAMS?

IL FAUT QUE J'AILLE...
C'EST URGENT!

ET SI JANE ÉTAIT EN
TRAIN DE VOMIR?!

OH NON... OH NON... J'ÉTAIS ASSISE À CÔTÉ D'ELLE DANS LE BUS, CE MATIN...

OH NON, ON... ON A PARTAGÉ UN PEU DE SON KIMBAP, CE MIDI...

J'AI PROBABLEMENT DÛ RESPIRER SON SOUFFLE...

ET SON PUPITRE EST JUSTE À CÔTÉ DU MIEN...

ET JE SUIS CENSÉE ALLER DORMIR CHEZ ELLE, CE WEEK-END...

ET SI ÇA M'ARRIVAIT À MOI AUSSI?

ET SI...

ET SI...

ET SI...

QUOI?

EUH... EST-CE... EST-CE QUE ÇA VA?
OUAIS...
AH, PARCE QUE TU ES SORTIE DE LA CLASSE SUPER VITE, ET...
IL FALLAIT QUE J'AILLE AUX TOILETTES.
TU ES PARTIE PENDANT PRESQUE 15 MINUTES!
ET ALORS?!
QU'EST-CE QUE TU FAISAIS?
ÇA NE TE REGARDE PAS, RAINA!
TU T'ES LAVÉ LES MAINS, AU MOINS?

AGIR « NORMALEMENT » À L'ÉCOLE DEVENAIT DE PLUS EN PLUS DIFFICILE.
OH! EST-CE QUE JE PEUX AVOIR UNE CROUSTILLE?
HUM...

TU T'ES LAVÉ LES... JE VEUX DIRE... EST-CE QUE TES MAINS SONT... EUH...

TU SAIS... PRENDS CE QUI RESTE. JE N'AI PLUS FAIM.
SUPER!

crounch crounch crounch

SI TU NE PENSES PAS MANGER TA POMME, JE LA PRENDRAIS VOLONTIERS!
OUI, EST-CE QUE JE PEUX AVOIR TON JUS?

GÉNIAL... EN PLUS D'ÊTRE BIZARRE, MAINTENANT JE SUIS **AFFAMÉE** ET **ASSOIFFÉE.**

CAFÉ... THÉ... LAIT FRAPPÉ...
Pipi

TANT PIS. JE M'EN MOQUE SI MICHELLE DIT QUE C'EST DU PIPI QUI COULE DE CETTE FONTAINE.

CAFÉ... LIMONADE... LAIT FRAPPÉ...

CACA!!!
HA! HA! HA! HA!
HA! HA! HA! HA!
HA! HA!
HA!
HA!
HA!
HA!
JE TE DÉTESTE, MICHELLE!!!
HA! HA! HA!
HA! HA!
HA!
HA! HA!
HA!
HA!
SALUT, RAINA. LA RÉCRÉATION N'EST PAS ENCORE FINIE!

MICHELLE M'EMBÊTAIT, UNE FOIS DE PLUS.

JE SAIS QUE VOUS NE VOUS ENTENDEZ PAS, TOUTES LES DEUX...

MAIS PEUT-ÊTRE QUE TU NE CONNAIS PAS TOUTE SON HISTOIRE.
PFFT

UN GRAND PENSEUR A DIT, UN JOUR : « SOYEZ AIMABLE, CAR CHAQUE PERSONNE QUE VOUS RENCONTREZ MÈNE UNE DURE BATAILLE. »

ÇA NE DIMINUE PAS L'IMPORTANCE DE TA **PROPRE** BATAILLE...

MAIS TOI ET MICHELLE POUVEZ PEUT-ÊTRE DEVENIR DES ALLIÉES PLUTÔT QUE DES ADVERSAIRES.

DONC, EN D'AUTRES TERMES, ÇA VEUT DIRE...

« SI JE SUIS GENTILLE AVEC TOI, PEUT-ÊTRE QUE TU NE SERAS PAS SI MÉCHANTE AVEC MOI. »
DRINNNNN

NNNGGGGG
...

Ouf!

TOI LA PREMIÈRE.

SAMEDI

Bravo,
mon gars!

À TABLE!

CHEZ JANE, LE SOUPER HABITUEL RESSEMBLE À ÇA!
Viande ou poisson
Riz
Tofu
Banchan (petits plats de nourriture)
Soupe

...

QU'EST-CE QUE TU AS?

CHEZ MOI, ON NE MANGE PAS VRAIMENT DE VIANDE. JE N'AI PAS L'HABITUDE DES... EH BIEN... DES OS.

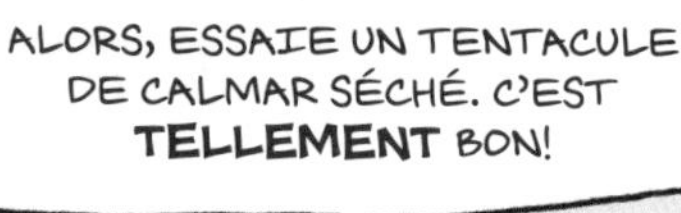
ALORS, ESSAIE UN TENTACULE DE CALMAR SÉCHÉ. C'EST **TELLEMENT** BON!

NON...
ÇA VA ALLER.
DOMMAGE POUR TOI.

JE REPRENDRAI SEULEMENT DU RIZ BLANC, S'IL VOUS PLAÎT.
BIEN SÛR!
AU MOINS, GOÛTE LE KIMCHI. C'EST MON PLAT PRÉFÉRÉ!
QU'EST-CE QUE C'EST?
DU CHOU ÉPICÉ ET FERMENTÉ!
snif

C'EST VRAI QUE J'AIME
LE CHOU...

MMM

MIAM!

JE PRENDRAI ENCORE
DE ÇA, AUSSI!

APRÈS QUATRE BOLS DE RIZ ET SIX PORTIONS DE KIMCHI...
Z

...
CHUUUT
PRRROUUUT

Z

LE LENDEMAIN MATIN
RÉVEILLE-TOI! JE MEURS DE FAIM! TU VEUX DU PAIN DORÉ?

JE N'AI PAS TRÈS FAIM. EN FAIT... J'AI EU DES GAZ TOUTE LA NUIT.

EST-CE QUE LE KIMCHI DONNE DES GAZ?

JE N'AI **JAMAIS** DE GAZ.

BON. PREMIÈREMENT, TOUT LE MONDE A DES GAZ. TOI, MOI, JANE, TOUT LE MONDE.
OUI, CERTAINS ALIMENTS DONNENT DES GAZ...
MAIS TROP DE **N'IMPORTE QUEL** ALIMENT N'EST JAMAIS BON.
IL VAUT MIEUX VARIER LES ALIMENTS!
ET SI QUELQUE CHOSE NE TE CONVIENT PAS, IL EST PRÉFÉRABLE DE L'ÉVITER!

CE SOIR-LÀ, NOUS SOMMES ALLÉS AU SIZZLER. IL Y A UN COMPTOIR À SALADES GÉNIAL OÙ ON PEUT SE SERVIR À VOLONTÉ.

OH! C'EST VRAI... LES HARICOTS DONNENT DES GAZ.

LE FROMAGE... CE N'EST PEUT-ÊTRE PAS BON.

LA SALADE DE POMMES DE TERRE... J'AI ENTENDU DIRE QUE ÇA PEUT CONTENIR DES BACTÉRIES.

LE CHOU... NON...

- Laitue
- Croûtons
- Vinaigrette italienne

TES PARENTS M'ONT DIT QUE TU AVAIS PEUR DE MANGER.

JE N'AI PAS PEUR DE MANGER. J'AI PEUR QUE ÇA ME RENDE MALADE!

MAIS SI TU NE MANGES **PAS**, TU **VAS** ÊTRE MALADE.
JE SAIS, JE SAIS.

PEUX-TU ME DIRE S'IL EXISTE DES ALIMENTS QUI NE TE RENDENT **PAS** MALADE?

...
LA PIZZA.
LA PIZZA NE TE REND PAS MALADE?
NON, MAIS ELLE REND **AMARA** MALADE! C'EST POUR ÇA QU'ELLE NE MANGE PAS LE FROMAGE. UNE FOIS, QUAND ELLE AVAIT TROIS ANS, NOUS ÉTIONS CHEZ UN VOISIN ET ELLE MANGEAIT DE LA PIZZA. ET LÀ, ELLE S'EST ÉTOUFFÉE, ET...
D'ACCORD.
ALORS LA PIZZA NE TE REND PAS MALADE. QUOI D'AUTRE?
...
OH! LES HAMBURGERS DE BURGER KING!
MAIS MA **MÈRE** NE MANGE PAS DE VIANDE! ELLE DÉTESTE ÇA! VOUS VOULEZ SAVOIR POURQUOI? UNE FOIS, QUAND ELLE ÉTAIT PETITE, ELLE A FAIT CE RÊVE FOU DANS LEQUEL...

RAINA, TU SEMBLES TRÈS PRÉOCCUPÉE PAR CE QUE LES AUTRES MANGENT.

POURQUOI?

EUH... J'SAIS PAS.

TU RÉALISES QUE TU N'AS LA MAÎTRISE QUE DE TOI-MÊME, N'EST-CE PAS?

IL Y A **BEAUCOUP** DE CHOSES QUE TU NE PEUX PAS CONTRÔLER!

OUAIS...
SANS BLAGUE!

LORRAINE M'EXPLIQUE QUE, BIEN SOUVENT, ON NE SAIT PAS D'OU VIENNENT LES PEURS...
MAIS QUE NOUS AVONS TOUS UNE CERTAINE MAÎTRISE DE NOUS-MÊMES.
plouc
ALORS PEUT-ÊTRE...
QUE JE POURRAIS APPRENDRE À CONTRÔLER MES PEURS, MOI AUSSI.
GLOUP

S'IL VOUS PLAÎT, FAITES QUE JE NE TOMBE PAS MALADE...
S'IL VOUS PLAÎT, FAITES QUE JE NE TOMBE PAS MALADE...
S'IL VOUS PLAÎT, FAITES QUE JE NE TOMBE PAS MALADE...
S'IL VOUS PLAÎT... FAITES QUE... JE...
ZZZ
VICTOIRE!!!
?

PEU APRÈS, J'AI DÉCOUVERT...
Les fermes Berkeley
LAIT

QUE LES CŒURS D'ARTICHAUTS MARINÉS ÉTAIENT SUCCULENTS EN SALADE.
- Laitue
- Croûtons
- Vinaigrette italienne
- Artichauts!

ET SUR LA PIZZA!
MMM.

ET À MÊME LE POT, AUSSI!

JE N'AI PLUS PEUR DE MANGER DES ARTICHAUTS! N'EST-CE PAS GÉNIAL? EST-CE QUE ÇA VEUT DIRE QUE JE SUIS **GUÉRIE?**

PARFOIS, DANS LA VIE, IL Y A DES CHOSES SUR LESQUELLES ON DOIT TRAVAILLER.

MAIS ÇA NE VEUT PAS DIRE QU'ON EST MALADE.

CE N'EST PAS AUSSI SIMPLE QU'UNE MALADIE PHYSIQUE OU UN REMÈDE.
OH...

MAIS JE SUIS CONTENTE D'APPRENDRE QUE TU NE REDOUTES PLUS LES ARTICHAUTS!

DE QUOI NOURRIR MA RÉFLEXION!

POURQUOI ES-TU SI SOUVENT EN RETARD À L'ÉCOLE?

EUH...

PARCE QUE JE VOIS UNE PSYCHOLOGUE.

POURQUOI?
QUELQUE CHOSE NE VA PAS?

ES-TU FOLLE?!

JE NE PEUX PAS TE LE DIRE.
MONSIEUR ABRAMS!

MONSIEUR ABRAMS?
OUI, DINA?
MONSIEUR ABRAMS!
MONSIEUR ABRAMS!
PARLANT DE CHOSES QUI NE VONT PAS...
QUELQUE CHOSE D'ÉTRANGE SEMBLE PERTURBER LES FILLES DE MA CLASSE.

DINA, POURQUOI EST-CE QUE TU NE RENTRES PAS CHEZ TOI SI TU NE TE SENS PAS BIEN?
PFFFF!
TU N'ES PAS ASSEZ MATURE POUR COMPRENDRE.
SOJA
DRINNNNNNNG!!!
ENCORE DEUX HEURES DE CLASSE! COMMENT EST-CE QUE JE VAIS SURVIVRE?

L'AN DERNIER, LES FONCTIONS CORPORELLES N'AVAIENT RIEN DE COMPLIQUÉ.
CETTE ANNÉE...
EST-CE QUE LA PORTE EST COINCÉE?
LLES
TOUT EST SECRET.
?
Chuuuuut
PSS
Hi! Hi!
TOUT EST MYSTÉRIEUX.
BANG
Ha!
Ha! Ha! Ha!
Ha!
Ha!

LES GARÇONS NE SONT PAS ENCORE AU COURANT.
EDI DU JOUR
L'anatomie d'un pet!
par Taï!

C'EST COMME SI LES FILLES FORMAIENT PEU À PEU UN CLUB SECRET...
ADO

OÙ JE NE SUIS PAS INVITÉE.
ADO

PFFT

PLUS TARD
TOUT LE MONDE SE COMPORTE DE FAÇON BIZARRE, HEIN? JE SUPPOSE QUE VOUS EN ÊTES TOUTES À CET ÂGE-LÀ.
QUEL ÂGE?
DIX ANS?
LA PUBERTÉ.
OOOOH.
BEURK.

JE CONNAISSAIS LA BASE : LE CORPS CHANGE, LES HORMONES CHANGENT.
EN EFFET... C'EST **PLUTÔT** PERSONNEL.
HI! HI!
HÉÉÉÉ!!!
Ha!
Hi! Hi!

C'EST À CAUSE DE LA PUBERTÉ QUE J'AI MAL AU VENTRE?
JE NE SAIS PAS.
ET MES CRISES DE PANIQUE SOUDAINES, À CAUSE DE LA PUBERTÉ AUSSI?
JE NE SAIS PAS!

MAIS CE QUE JE **SAIS,** C'EST QUE MES PARENTS M'ACCORDENT BEAUCOUP TROP D'ATTENTION.
QU'EST-CE QUI SE PASSE?
QU'EST-CE QUE J'AI FAIT ENCORE?
EH BIEN, CHÉRIE, NOUS AVONS RENCONTRÉ LORRAINE...
QU'EST-CE QU'ELLE A DIT? J'AI FAIT QUELQUE CHOSE DE MAL?
NON, NON...
TON PÈRE ET MOI RENCONTRONS LORRAINE DE TEMPS À AUTRE, TU TE RAPPELLES? C'EST COMME ÇA AVEC LA THÉRAPIE POUR ENFANTS.
JE NE SUIS PAS UNE **ENFANT.**

BON, D'ACCORD... UNE JEUNE PERSONNE. UNE **MINEURE.**
J'AIME MIEUX ÇA.
ALORS, Y A-T-IL QUELQUE CHOSE QUI NE VA PAS CHEZ MOI?
LORRAINE PENSE QUE TU AS SEULEMENT BESOIN D'UN PEU PLUS D'ESPACE.
DEPUIS LA NAISSANCE D'AMARA, VOUS PARTAGEZ LA MÊME CHAMBRE, ELLE ET TOI!
DONC... VOUS ALLEZ **TOUS LES QUATRE** DORMIR DANS LA MÊME CHAMBRE? IL N'Y EN A QUE DEUX...

BANG
BANG
CHHHHHOUF!

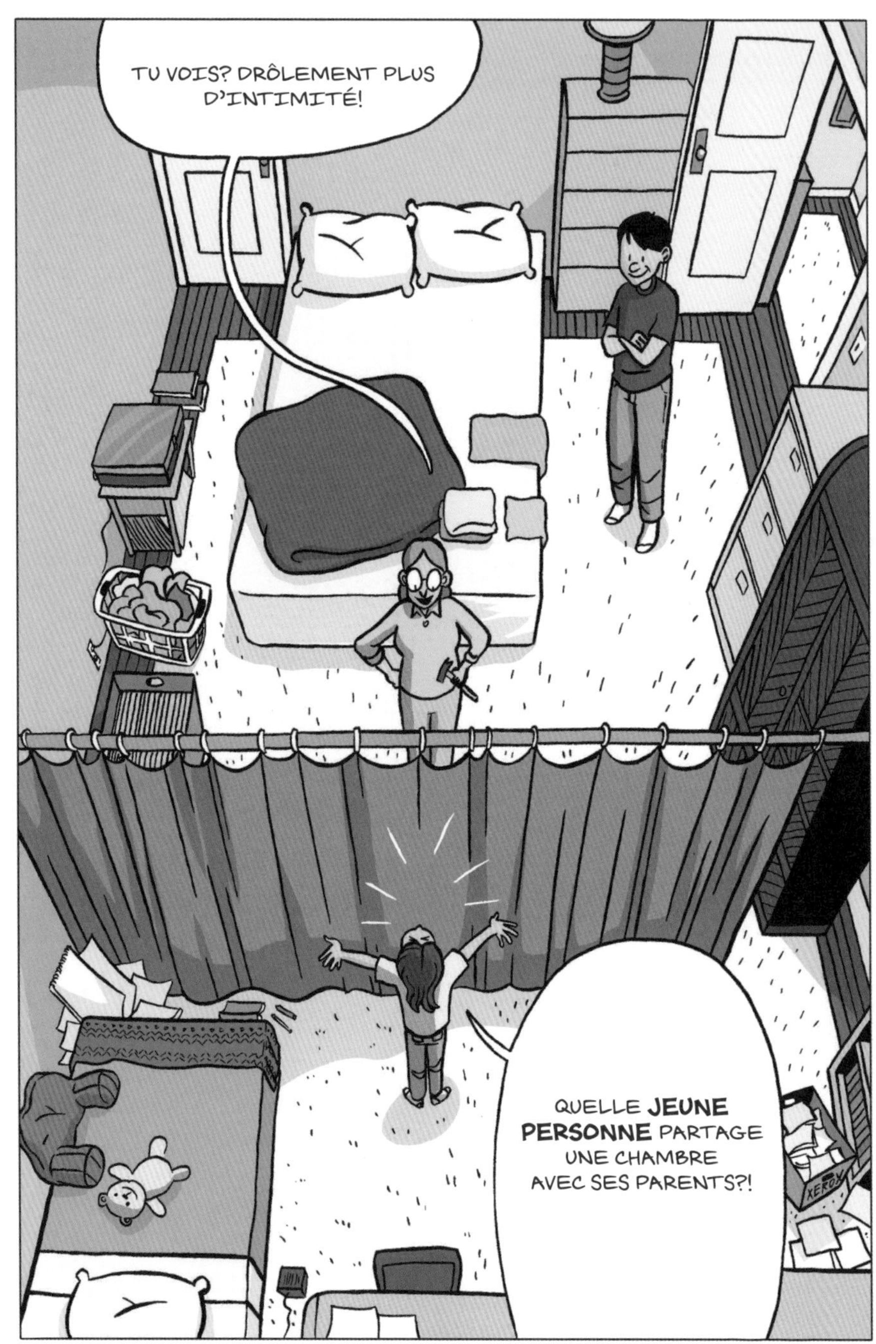
TU VOIS? DRÔLEMENT PLUS D'INTIMITÉ!
QUELLE JEUNE PERSONNE PARTAGE UNE CHAMBRE AVEC SES PARENTS?!
XEROX

ÉCOUTE, SI TU PRÉFÈRES QUE NOUS DONNIONS CET ESPACE À TON FRÈRE OU À TA SŒUR...
NON, NON, NON, NON...
CHHHOUF

CE SOIR-LÀ
AAH!

PLUS DE LIT SUPERPOSÉ...
PLUS PERSONNE QUI M'OBSERVE...

RRRON
RIEN POUR FILTRER LE BRUIT!!!

crounch

BONJOUR, CHOUPETTE.
BIEN DORMI?
NOOOOOOOOOON.

COMMENT TU FAIS POUR SUPPORTER
LES RONFLEMENTS DE P'PA?!

JE M'Y SUIS HABITUÉE,
JE SUPPOSE!

JE POURRAIS PEUT-ÊTRE DORMIR ICI,
EN BAS, SUR LE CANAPÉ?

NON. TA GRAND-MÈRE VIENT
VIVRE AVEC NOUS QUELQUE
TEMPS.
QUOI?!

NOUS AIMONS TOUS GRAND-MAMAN, MAIS... SIX PERSONNES DANS UN SI PETIT APPARTEMENT!!!
C'EST SEULEMENT JUSQU'À CE QU'UNE PLACE SE LIBÈRE À LA NOUVELLE RÉSIDENCE POUR RETRAITÉS, DANS ENVIRON SIX MOIS.
LA SITUATION EST TEMPORAIRE.
MAIS LA **FAMILLE**, C'EST POUR TOUJOURS!!!
grrrr

OÙ EST-CE QUE JE DÉPOSE MES CHAUSSURES?
JETTE-LES DANS LE TAS AVEC LES AUTRES.

MES SŒURS ET MOI ÉTIONS CHANCEUSES : NOUS, AU MOINS, **NOUS AVIONS** DES CHAUSSURES! NOUS HABITIONS À CINQ KILOMÈTRES DE PINCKNEYVILLE ET TOUS LES JOURS, NOUS MARCHIONS JUSQU'À...
MISSOURI

VIENS, ON VA DANS **MA** CHAMBRE!

TU VEUX VOIR LES BANDES DESSINÉES QUE J'AI FAITES?
CHHHOUF

HA! HA!
OH NON...
C'EST TON PÈRE, ÇA?!
CELUI QUI RONFLE?
OUI!

C'EST TELLEMENT COOL! **COMMENT** TU FAIS?!

EH BIEN, JE REGARDE AUTOUR DE MOI ET J'ÉCOUTE CE QUE DISENT LES GENS...

PUIS JE FAIS DES BANDES DESSINÉES AVEC TOUT ÇA!

MOI AUSSI, JE VOUDRAIS POUVOIR DESSINER.

ESSAIE!

NON... J'AI ESSAYÉ. JE SUIS NULLE.

JE T'AI DÉJÀ VU DESSINER SUPER KITTY... ALLEZ!

NON, JE NE FAIS QUE... LA TRACER.

CE N'EST PAS GRAVE.

PEUT-ÊTRE QUE TU POURRAIS ÉCRIRE UNE HISTOIRE, ET MOI, JE FERAIS LES DESSINS!
OH! CE SERAIT GÉNIAL. ON POURRAIT S'INSPIRER DE NOS PETITS FRÈRES, POUR LES PERSONNAGES.
OU DES ÉLÈVES DE L'ÉCOLE!
LES FILLES?
Hi! Hi!
Ha! Ha!
JE DOIS TE CONDUIRE CHEZ TOI, JANE.
OH NON...
CHHHOUF

OUIN!!!
CLIC

OUI!!!!!!NNN!
DÉSOLÉE QUE WILL SOIT D'AUSSI MAUVAISE HUMEUR...

CE N'EST PAS GRAVE. C'EST UNE BONNE SOURCE D'INSPIRATION!
OUIN!
Hi! Hi!

JE VAIS DANS MA CHAMBRE.

AAH, MAIS VOYONS!

CHHHOUF

METS TES CHAUSSURES, S'IL TE PLAÎT.

JE NE VEUX PAS!

SI

RAINA! RAINA?
CHHHOUF

RAINA!
Plop!
?

ALLÔ?

JANE? C'EST TOI? QU'EST-CE QU'IL Y A? JE NE COMPRENDS PAS CE QUE TU DIS...

ON **DÉMÉNAGE.**
C'EST VRAI? OÙ ÇA?

EN BANLIEUE. PRÈS DE L'AÉROPORT.
QUAND?

UMMA ET APPA DISENT QUE NOUS POUVONS TERMINER L'ANNÉE SCOLAIRE ICI... MAIS ENSUITE, ON S'EN VA. JE NE CONNAIS **PERSONNE** DANS MA NOUVELLE VILLE.

LE BUREAU DE MON DENTISTE EST PRÈS DE L'AÉROPORT. CE N'EST PAS **SI** LOIN.

ET TU TE SOUVIENS DE ROSA, EN TROISIÈME ANNÉE?

SA FAMILLE HABITE LÀ-BAS MAINTENANT...
Snif!

DANS UNE GRANDE MAISON AVEC QUATRE CHAMBRES À COUCHER, UNE CABANE DANS UN ARBRE ET UN RUISSEAU DANS LA COUR! ET UN **PAVILLON** DANS LE JARDIN!

JE PARIE QUE TON FRÈRE ET TOI ALLEZ AVOIR CHACUN VOTRE CHAMBRE! CHANCEUX! C'EST SI BEAU ET ENSOLEILLÉ, PRÈS DE L'AÉROPORT! **J'ADORERAIS** QUE MA FAMILLE...

RAINA!!!

JE NE VEUX PAS PARTIR.

TU ENTENDS?

JE ME DISAIS QUE JANE AVAIT DE LA CHANCE.

MAIS POUR ELLE, LA CHANCEUSE, C'ÉTAIT MOI.
cratch

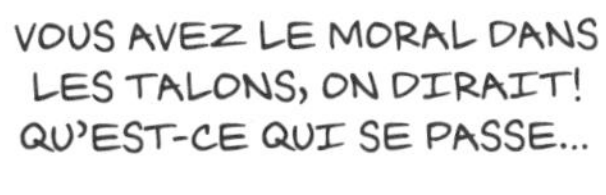
VOUS AVEZ LE MORAL DANS LES TALONS, ON DIRAIT! QU'EST-CE QUI SE PASSE...

LA PUBERTÉ???

AH NON... **DE TOUTE ÉVIDENCE,** CE N'EST PAS ÇA.

AUJOURD'HUI, MICHELLE PRÉSENTE SON EDI.
EDI DU JOUR :
Manger santé avec Michelle!

JE VAIS VOUS APPRENDRE À FAIRE UNE SALADE WALDORF!

C'EST L'UN DES PLATS PRÉFÉRÉS DE MA FAMILLE.
Lucky

VOICI LES INGRÉDIENTS : POMMES, CÉLERI, NOIX DE GRENOBLE...
ÇA M'A L'AIR PAS MAL...

ET **MAYONNAISE!**

BEURK!!!

CLAP!
CONTINUE MICHELLE, S'IL TE PLAÎT.
RAINA, JE PEUX TE VOIR DANS LE CORRIDOR?
ALORS, ON TRANCHE D'ABORD LES POMMES EN PETITS MORCEAUX...

J'SUIS DÉSOLÉE... C'EST QUE... LES POMMES ET LA **MAYONNAISE?!**
blah!

ÇA ME PARAÎT DÉLICIEUX!
M. BRAMS

NOUS MANGEONS TOUS DIFFÉREMMENT. CHAQUE PERSONNE A SES PRÉFÉRENCES.

MAIS **S'IL TE PLAÎT,** ESSAIE DE NE PAS MANQUER DE RESPECT ENVERS LES AUTRES.

TRAITE-LES COMME TU VOUDRAIS QU'ILS TE TRAITENT.

DONC, EN D'AUTRES TERMES, JE PENSE QUE ÇA VEUT DIRE...

ESSAIE.
snif
NON!!!
PAS
MON TRUC.

MMM!
MIAM!
OUAH!
MMM!
C'EST BON!
!
DÉLICIEUX!
OUAIS!
MMM!
MERCI, MICHELLE. ALLEZ, ON L'APPLAUDIT!
Clap
Clap
Clap
Clap
Clap
clap
Clap
clap
clap
clap
Clap
clap
Clap
Clap
Clap
Clap

TU PEUX NOUS DIRE À QUOI TU JOUES?

TU DONNES TES REPAS LE MIDI, TU N'AS PAS VOULU DE LA SALADE DE MICHELLE...

AS-TU UN **TROUBLE ALIMENTAIRE?**
NON!

NON, ELLE EST JUSTE BIZARRE!
DINA!

TU VOIS? TU N'AURAS PAS À SUPPORTER CETTE BANDE DE **VIPÈRES** À L'ÉCOLE INTERMÉDIAIRE.
L BUS
TU REPARS À NEUF!
JE NE VEUX PAS REPARTIR À NEUF.
J'AI ENVIE DE VOMIR RIEN QU'À L'IDÉE DE PARTIR.
L'IDÉE DE **VOMIR** ME DONNE ENVIE DE...
NE PAS MANGER
FUIR
RESTER SEULE
ME CACHER
CRIER!!!!
NE RIEN TOUCHER

AH... ALORS, TA MEILLEURE AMIE DÉMÉNAGE.
QUE PENSES-TU DES AUTRES ÉLÈVES DE TA CLASSE?
CERTAINS D'ENTRE EUX SONT MÉCHANTS AVEC MOI.
EST-CE QUE TU TE FAIS INTIMIDER?
ILS NE ME BATTENT PAS OU QUELQUE CHOSE DU GENRE.
ILS NE VOLENT PAS MES AFFAIRES.
JE ME FAIS JUSTE... BEAUCOUP TAQUINER.
ET COMMENT TE SENS-TU DANS CES MOMENTS-LÀ?

SUR UNE ÉCHELLE DE UN À DIX...
OÙ UN ÉQUIVAUT À...
DISONS... LEVER UN SOURCIL...
1
2
3
brrr
brrr
brrr
brrr
4
5
han
han
6
7
8
9
ET DIX, À PERDRE **TOUTE** MAÎTRISE DE TOI?
10

JE DIRAIS PEUT-ÊTRE... CINQ.

ÇA ME DONNE MAL AU VENTRE.

ET JE ME METS À AVOIR PEUR DE VOMIR.

ET **ÇA,** ÇA ME FAIT MONTER À ENVIRON... HUIT OU NEUF...

POUR CE QUI EST DE LA PEUR.

« QUAND JE SUIS DANS CET ESPACE, J'AI L'IMPRESSION QUE JE NE PEUX PAS EN SORTIR. »
ESSAIE.

« J'AI L'IMPRESSION QUE JE NE SURVIVRAI PAS. »
ESSAIE.

« JE SENS QUE JE NE MAÎTRISE PLUS RIEN. »
ESSAIE.

ESSAIE QUAND MÊME.

han
han
han
han
han
CONCENTRE-TOI SUR TES PIEDS...
QUI TOUCHENT LE SOL.
CONCENTRE-TOI SUR CETTE PENSÉE.
LAISSE TES PIEDS T'ANCRER DANS LE SOL.
RESPIRE PROFONDÉMENT.

HFFFFFFFFFFFFFFFFFT
HWOOOOOOOOOO...
EST-CE QUE CELA T'AIDERAIT SI TU EXPLIQUAIS CE QUE TU VIS À TES CAMARADES DE CLASSE?

JE NE VEUX PAS QU'ILS SACHENT QUE J'AI PEUR DE VOMIR.
C'EST TELLEMENT...
ENFANTIN.
BIZARRE.
BÊTE.
STUPIDE.
JE PARIE QUE TOUS TES AMIS ONT PEUR DE QUELQUE CHOSE, MAIS ILS N'OSENT PAS LE DIRE!
REVENONS À LA RESPIRATION. RESPIRE PROFONDÉMENT.

PIEDS.
SOL.
RESPIRE.

ÇA VA?

HUM...

SUR UNE ÉCHELLE
DE UN À DIX?

CINQ...

TU NE T'ES JAMAIS
RENDUE À DIX!

SAUF POUR
L'ÂGE!

LORRAINE DIT QUE TU FAIS DES **BLAGUES!**

APPAREMMENT, C'EST UN SIGNE DE **PROGRÈS!**
Oakland

ON DIT QUE L'HUMOUR EST LE MEILLEUR REMÈDE.
Oakland

TU VEUX LIRE LA BANDE DESSINÉE QU'ON A FAITE, JANE ET MOI?

Mmm.

TRÈS BEAU.

TU VAS LA MONTRER À JANE, DEMAIN?
OUI, APRÈS LA THÉRAPIE!

ET **TOI,** TU TROUVES ÇA DRÔLE, GRAND-MAMAN?

JE VAIS T'EN RACONTER UNE DRÔLE, MOI! MON FRÈRE LOUIS AVAIT UN CHIEN. UN CABOT, TOUT GALEUX. LE CHIEN HAÏSSAIT LES ÉCUREUILS. UN MATIN...

LE LENDEMAIN
bang

JE NE TROUVE PAS ÇA DRÔLE DU TOUT!!!

QU'EST-CE QUI
SE PASSE, JANE?

COMME TU N'ÉTAIS PAS
DANS LE BUS CE MATIN,
MICHELLE S'EST ASSISE
À CÔTÉ DE MOI.

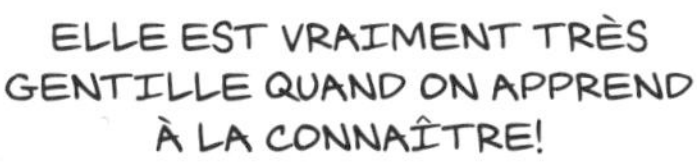
ELLE EST VRAIMENT TRÈS
GENTILLE QUAND ON APPREND
À LA CONNAÎTRE!

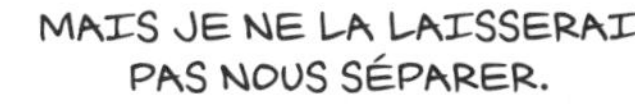
MAIS JE NE LA LAISSERAI
PAS NOUS SÉPARER.

PROMIS!

ET POURTANT...
Hi!
Hi!
Hi!
Hi!
Hi!
Hi!
!!!

BONJOUR, MA CHÉRIE. C'EST L'HEURE DE TE PRÉPARER POUR L'ÉCOLE!

JE PEUX RESTER À LA MAISON? J'AI MAL AU VENTRE.

PAS DE FIÈVRE...
JE VAIS T'INSTALLER SUR LE CANAPÉ ET TE FAIRE UNE TISANE.
Tisane à la menthe
Craquelins
Télé
clic
Grand-maman!
MA SŒUR ANNE AVAIT DES MAUX DE VENTRE, ELLE AUSSI. OH! ÇA OUI! NOUS ALLIONS RENDRE VISITE À JEAN, AU BOUT DU CHEMIN. SA FAMILLE AVAIT UN VERGER ET ANNE AIMAIT CUEILLIR DES POMMES. DES FOIS, JEAN NOUS
CUEILLIR DEUX PANIERS

JE VAIS ME REPOSER EN HAUT, GRAND-MAMAN.
J'AI DÉJÀ PERDU MA MEILLEURE AMIE...
ET ELLE N'A MÊME PAS ENCORE DÉMÉNAGÉ.
C'EST VRAIMENT UN COUP DE POING DANS LE VENTRE.

CENTRE
MÉDICAL

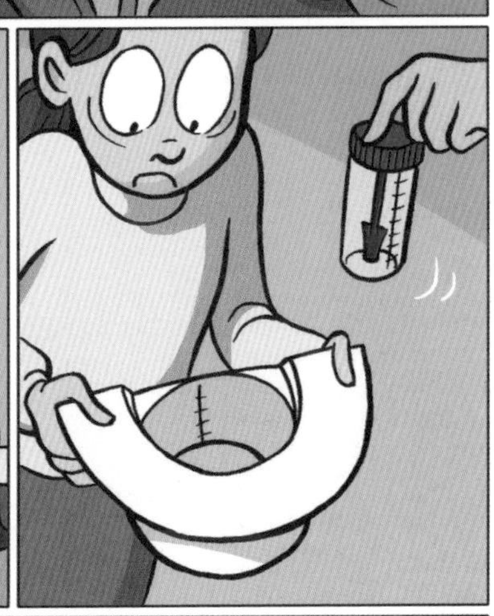

OUAIP... TOUJOURS EN PARFAITE SANTÉ.

PAS DE PARASITES NI DE BACTÉRIES, AUCUNE ALLERGIE ALIMENTAIRE...

HUM... C'EST BIEN?

LE SYNDROME DU CÔLON IRRITABLE.

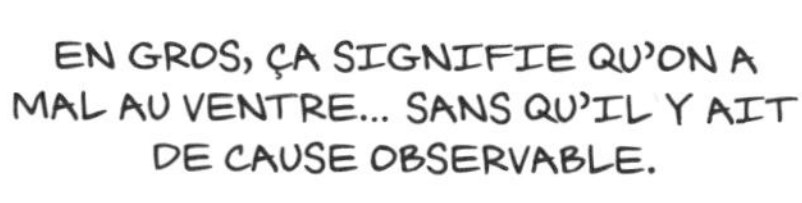

TAKAHASHI

NE MANGE PAS D'ALIMENTS QUI NE TE CONVIENNENT PAS.
ET LE PLUS IMPORTANT...
ÉVITE DE TROP TE STRESSER!
HA! HA! HA! HA! HA! HA! HA! HA! HA!

COMMENT FAIRE POUR NE PAS SE STRESSER? LA VIE EST STRESSANTE!

SALUT! J'AI QUELQUE CHOSE POUR TOI.

Tu es invitée ♡ à la fête de Jane

Quand : le 6 juin
Où : maison de Jane
Quoi : pizza, vidéos, crème glacée
À apporter : sac de couchage, pyjama, oreiller, cassettes

JE VIS MES DERNIÈRES SEMAINES ICI.

ET JE VEUX QU'ELLES SOIENT **AGRÉABLES.**

MONSIEUR ABRAMS! IL FAUT QUE...
VAS-Y, MICHELLE.

JE NE COMPRENDS PAS.

ELLE EST MÉCHANTE AVEC NOUS DEPUIS DES **ANNÉES.**
JE SAIS...

JE PENSE QU'ELLE A CHANGÉ D'ATTITUDE.

ET SI C'EST UN PIÈGE?
ET SI ELLE A JUSTE BESOIN D'AMIS?

ELLE N'A PAS À DEVENIR TA MEILLEURE AMIE, MAIS ESSAIE AU MOINS D'ACCEPTER QU'ELLE SOIT À PRÉSENT **MON** AMIE.
TU VEUX BIEN?

ET ON NE SAIT JAMAIS... LA PUBERTÉ L'A PEUT-ÊTRE RENDUE GENTILLE!

EST-CE QUE LA PUBERTÉ PEUT RENDRE LES GENS **GENTILS?!**

HA! JE NE SAIS PAS SI ON PEUT LE PROUVER SCIENTIFIQUEMENT...

MAIS NOUS TRAVERSONS TOUS DES PÉRIODES DE CHANGEMENT ET DE RÉFLEXION.

LA CROISSANCE TOUCHE NON SEULEMENT LE CORPS, MAIS AUSSI L'ESPRIT, TU SAIS!

COMMENT TE SENS-TU, DANS TA VIE, CES TEMPS-CI?

Z
Bouchons
RRRON

JE PENSE... QUE JE ME SENS UN PEU MIEUX EN SACHANT QUE CES GAZ QUE J'AI PARFOIS NE SONT RIEN DE BIEN GRAVE.
ET QU'ILS NE VEULENT PAS DIRE QUE JE VAIS VOMIR.
MAIS ON NE SAIT JAMAIS...
ÇA POURRAIT TOUT DE MÊME ARRIVER.
C'EST VRAI. ÇA POURRAIT ARRIVER...
MAIS C'EST HORS DE TON CONTRÔLE!
J'ESPÈRE QUE TU TE SENS UN PEU MIEUX PRÉPARÉE À FAIRE FACE À LA CRAINTE.

JE PEUX ESSAYER.

BONJOUR À TOUTES ET À TOUS!
NOUS SOMMES MARDI : ÊTES-VOUS PRÊTS POUR L'EDI?
RAINA?
RESPIRE.
JE VAIS PARLER DE L'ESPRIT ET DU CORPS.
EDI DU JO
Lien esprit/co
RAINA

VOUS N'ÊTES PAS OBLIGÉS DE RÉPONDRE...

MAIS JE VEUX QUE CHACUN D'ENTRE VOUS PENSE À UNE CHOSE QUI LUI FAIT PEUR.

ET MAINTENANT... ESSAYEZ DE PRENDRE CONSCIENCE DE CE QUE VOUS **RESSENTEZ.**

MOI, QUAND QUELQUE CHOSE M'INQUIÈTE, J'AI MAL AU VENTRE.

ET LE FAIT D'AVOIR MAL AU VENTRE M'INQUIÈTE ENCORE PLUS.

C'EST UN CYCLE.
ESPRIT ET CORPS.
CORPS ET ESPRIT.

MAIS J'AI QUELQUES TRUCS QUI M'AIDENT À FAIRE FACE À MES PEURS.
SI VOUS VOULEZ BIEN VOUS LEVER...

JE LEUR AI APPRIS À RESPIRER PROFONDÉMENT.

ET À SE CONCENTRER SUR LEURS PIEDS.

ÉTONNAMMENT, J'AI FAIT TOUT MON EXPOSÉ SANS RESSENTIR LA MOINDRE CRAINTE.

CLAP CLAP CLAP CLAP CLAP CLAP CLAP CLAP

ET **TOUT LE MONDE** SEMBLAIT UN PEU PLUS CALME PAR LA SUITE.

OU PEUT-ÊTRE
PAS.

DRINNNNG

C'EST PROBABLEMENT
JUSTE LA **PUBERTÉ**!

PROBABLEMENT.

MAIS LE LENDEMAIN...

ET LE JOUR
SUIVANT.

BONJOUR À TOUTES ET À TOUS!
J'AI DES NOUVELLES...
MICHELLE EST À L'HÔPITAL.
ELLE A DÛ ÊTRE OPÉRÉE AUX INTESTINS.
OH... DANS SON VENTRE?!
EST-CE QU'ELLE VA BIEN?
QU'EST-CE QUI S'EST PASSÉ?
DÉGUEU!
COOL!!!
À QUEL HÔPITAL?

SA FAMILLE M'A DEMANDÉ DE NE PAS EN DIRE DAVANTAGE.
OOOOOH!!!

C'EST UN SECRET?
PAS VRAIMENT.
C'EST JUSTE CONFIDENTIEL, POUR RESPECTER LA VIE PRIVÉE DE MICHELLE.

OUI, NICOLE?
EST-CE QUE C'ÉTAIT QUELQUE CHOSE DE CONTAGIEUX?!

MAIS NON! CE N'EST RIEN QUE VOUS PUISSIEZ ATTRAPER.
FIOU!

LA BONNE NOUVELLE, C'EST QUE TOUT IRA BIEN POUR MICHELLE.
LA MAUVAISE NOUVELLE, C'EST...

QU'ELLE NE POURRA PAS REVENIR À
L'ÉCOLE AVANT LA FIN DE L'ANNÉE.

PLOP!
FFFOUP

MONSIEUR ABRAMS?
OUI, RAINA?

J'AI UNE IDÉE.

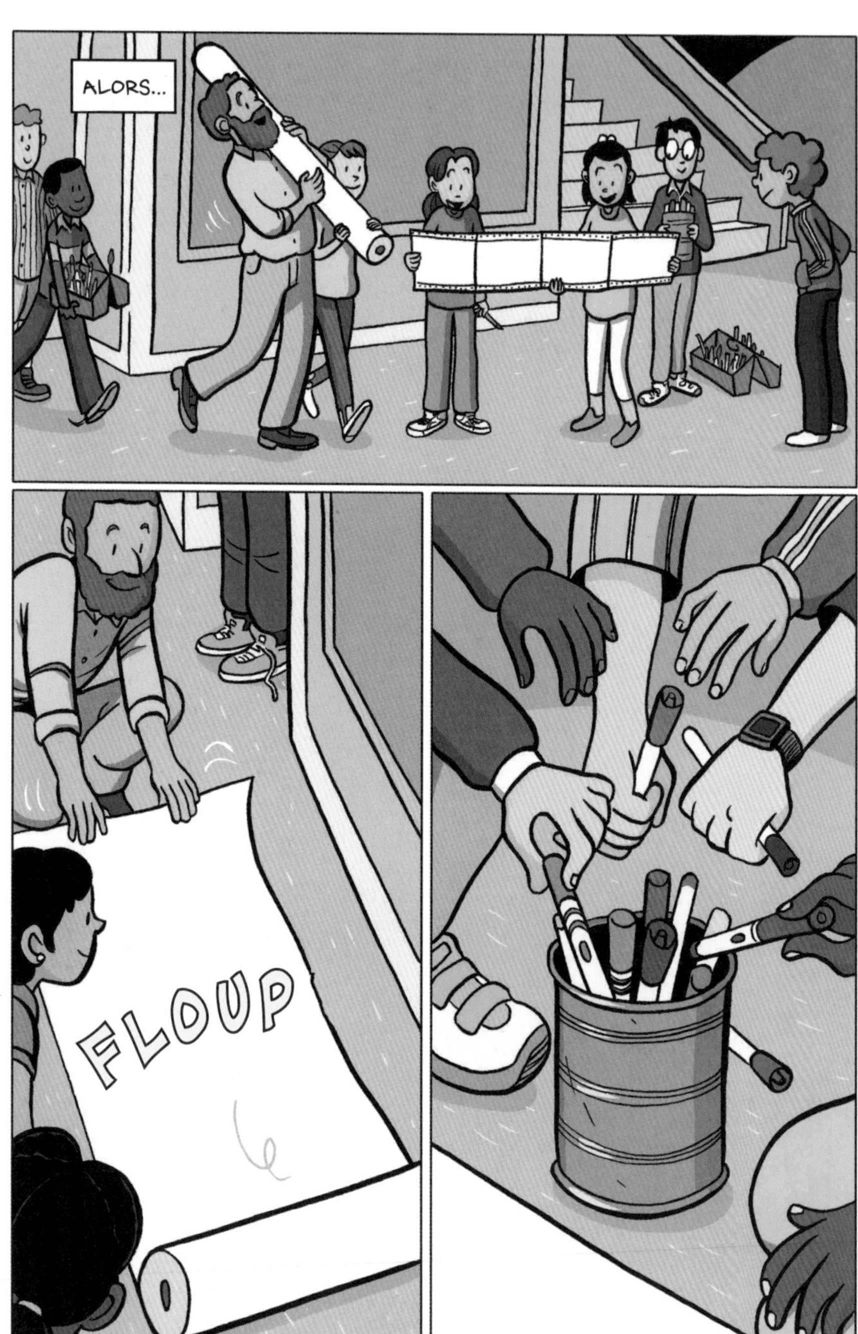
ALORS...
FLOUP

scritch
fffft
fouip
fffft
scritch
tchic
foup

MAGNIFIQUE
MAGIQUE
Intelligente
Intéressante
COOL
Humble
Élégante
Lumineuse
Logique
Énergique
Électrique
Je
On t'♡!
Reviens vite!
Salade Waldorf!
Dessin de Cécile
PRENDS SOIN DE T
OI! ON
T'AIME LA CLASSE DE 5E

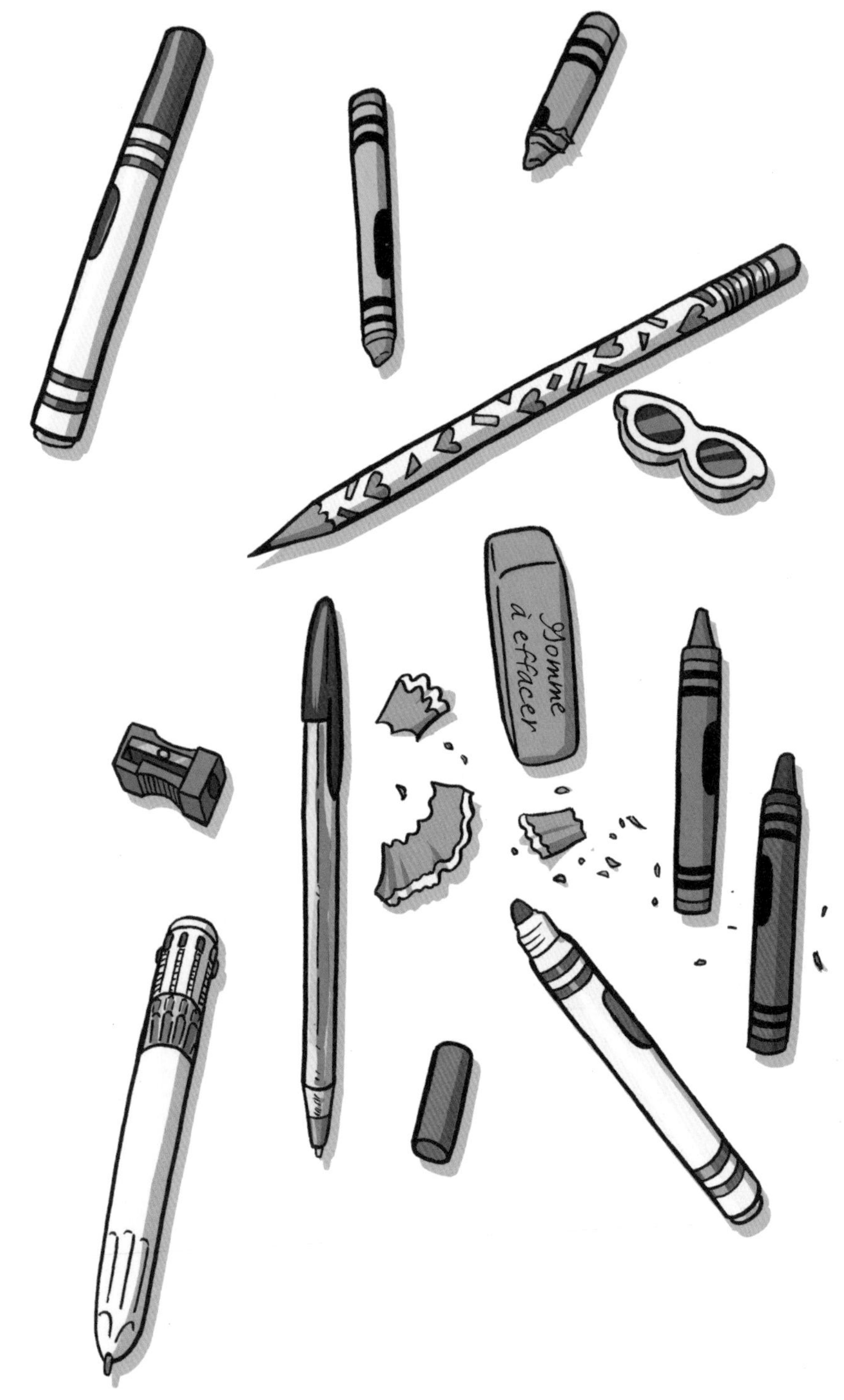
Gomme
à effacer

BZZZ

fromage et
artichauts!

QU'EST-CE QU'ON FAIT MAINTENANT?
J'SAIS PAS... QU'EST-CE QUE **VOUS** VOULEZ FAIRE?

ON POURRAIT JOUER AUX SQUELETTES DANS LE PLACARD...
C'EST QUOI?

EH BIEN, CHACUNE D'ENTRE NOUS RACONTE SON PLUS PROFOND...
SON PLUS OBSCUR...
SECRET.

JE NE SUIS PAS SÛRE D'AIMER CE JEU-LÀ...

JE VAIS COMMENCER. JE... J'AI...

J'AI EU MES RÈGLES!!!
HEIN?!
QUAND?

ÇA A COMMENCÉ EN MARS!
OUAAAAAAAH.
EST-CE VRAIMENT UN SECRET PROFOND ET OBSCUR, ÇA?

À VOIR LA FAÇON DONT TOUT LE MONDE TRAITE LE SUJET, **OUAIP.**
JE SUPPOSE.

MA GRANDE SŒUR A EU LES SIENNES IL Y A QUELQUES ANNÉES, ALORS JE SAVAIS À QUOI M'ATTENDRE.
MAIS C'EST QUAND MÊME SUPER BIZARRE.

...
Tellement cool
Tellement mature

MON SECRET, C'EST QUE... MON PÈRE BOIT TROP, PARFOIS.
IL N'EST JAMAIS DANGEREUX, MAIS... IL LUI EST ARRIVÉ DE CRIER APRÈS MON FRÈRE ET MOI.
ÇA FAIT PEUR.
EST-CE QU'IL A DÉJÀ VOMI À CAUSE DE ÇA?
?
UNE FOIS!
ON S'EST MOQUÉS DE LUI.
MAIS EN FAIT, CE N'ÉTAIT VRAIMENT PAS DRÔLE.
JE SUIS BIEN CONTENTE QUE MES PARENTS NE BOIVENT PAS.
QUEL EST TON SECRET, À TOI, RAINA?

...
J'AI TOUJOURS AFFREUSEMENT PEUR DE VOMIR
AMIS QUI DÉMÉNAGENT
anxiété
MALADIE
→PAS NORMALE←
et...
et...
CHIRURGIE AUX INTESTINS
c'est nouveau!
et...
MORT
ALLER À L'ÉCOLE INTERMÉDIAIRE
nulle en math (trop nulle!)
PUBERTÉ
JE PARTAGE MA CHAMBRE
J'SUIS BIZARRE
JE LIS ENCORE DES ALBUMS AVEC MES PARENTS
PEUR DE LA NOURRITURE
JE HAIS LES
NE VEUX PA

JE VOIS UNE PSYCHOLOGUE.

MOI AUSSI, JE VOIS UN PSY.
MES PARENTS AUSSI.
MA SŒUR AUSSI.

VRAIMENT?

OUAIS. CE N'EST PAS UN DRAME.

MAIS POURQUOI EST-CE QUE **PERSONNE** N'EN PARLE?

J'AI VRAIMENT PENSÉ QU'IL Y AVAIT PEUT-ÊTRE...

QUELQUE CHOSE QUI NE TOURNAIT PAS ROND CHEZ MOI.

MAIS NOOON.

Snif
Snif

QU'EST-CE QU'IL Y A, JANE?

JE DÉMÉNAGE!!! VOUS ALLEZ TELLEMENT ME MANQUER, LES FILLES BOUH HOU HOU...

C'EST PAS VRAI! QUAND? TU VAS NOUS MANQUER! TU VAS OÙ? OH! BON SANG...
MAIS...

VOUS NE LE SAVIEZ PAS?
NON...
TU LE SAVAIS, TOI?

EUH... OUAIS.
JE NE VOULAIS PAS EN FAIRE UN SECRET...
MAIS C'EST DIFFICILE À ACCEPTER.
EST-CE QUE TU L'AS ANNONCÉ À MICHELLE?
Snif
NON.
ON DEVRAIT L'APPELER! TOUT DE SUITE!

À TOI,
RAINA!

MAIS... JE NE SAIS PAS DU TOUT QUOI DIRE!

ESSAIE.

Respiiire

ALLÔ, MICHELLE?
ALLÔ.
JE... J'SUIS CONTENTE QUE TU AILLES BIEN.
C'EST MA TROISIÈME INTERVENTION CHIRURGICALE AUX INTESTINS. ON M'A FAIT LES DEUX PREMIÈRES QUAND J'ÉTAIS BÉBÉ.
OUAH! JE NE SAVAIS PAS!
AS-TU EU PEUR?
OUI, MAIS...
IL FALLAIT QUE JE PRENNE LE RISQUE.

ET EST-CE QUE TU...
EUH...

EST-CE QUE TU AS VOMI?

NON! MAIS AVANT L'OPÉRATION, J'ÉTAIS TELLEMENT NERVEUSE QUE J'AI **PENSÉ** QUE ÇA ALLAIT ARRIVER.

MAIS DEVINE!
QUOI?

LE TRUC DE RESPIRATION QUE TU NOUS AS APPRIS EN CLASSE...
JE L'AI ESSAYÉ.
ET ÇA M'A BEAUCOUP AIDÉE.

MERCI.
DE RIEN!
ALORS... TU AS REÇU NOTRE AFFICHE?
TU PARLES SI JE L'AI REÇUE!!!
Dessins de Cécile
Reviens vite!
Bonne santé

ELLE A ADORÉ LA BD QUE JANE ET MOI LUI AVIONS FAITE.
Reviens vite!
T'AIME
waldorf!
ET TOUS LES PETITS MOTS QUE LES ÉLÈVES LUI AVAIENT ÉCRITS.
NOS MAUX DE VENTRE ÉTAIENT BIEN DIFFÉRENTS, MAIS JE COMPRENAIS CE QU'ELLE RESSENTAIT.
ET NOUS AVIONS DES TAS D'AUTRES TRUCS EN COMMUN, AUSSI!

OH... JE CROIS QUE JE VAIS DEVOIR TE LAISSER.
crème glacée Dreyer's Napolitaine

HÉ! MICHELLE?

TU EN AS, DU COURAGE.

AH! EH BIEN, MERCI.

ON SE VERRA À L'ÉCOLE INTERMÉDIAIRE?
OUAIP.

Crème glacée Dreyer's
HUSH

MA MÈRE M'A DIT QU'ELLE ME CONDUIRAIT À TA NOUVELLE MAISON QUAND JE VOUDRAIS.

PEUT-ÊTRE QU'ON POURRA ENCORE ÉCRIRE ET DESSINER ENSEMBLE!
C'EST CERTAIN!

ET FAIRE DES PROMENADES À VÉLO!
ET AU CENTRE COMMERCIAL!

ET VOIR DES FILMS! ET ALLER MANGER UNE PIZZA! OU DES METS CORÉENS! ET ALLER AU CAMP DES JEANNETTES! FAIRE DU PATIN À ROUES ALIGNÉES! FÊTER NOS ANNIVERSAIRES!

Z

FIN

PRRROUUUT!

Je tiens à remercier...

Mes premiers lecteurs : Andy Runton, Vera Brosgol, Casey Gilly, Mike Jung, Shannon Hale et Sue Telgemeier.

Mes conseillers : Dre Judy Pelham et Dr Frank F. Escobar-Roger.

Mon adjointe à la production : Maggie Ramm.

L'équipe de Scholastic : Cassandra Pelham Fulton, David Saylor, Phil Falco, Lauren Donovan, Ellie Berger, Tracy van Straaten, Lizette Serrano, Julie Amitie, Carmen Alvarez, Susan Lee, Holland Baker, Celia Lee, Akshaya Iyer, Shivana Sookdeo.

Les coloristes : Braden Lamb et Shelli Paroline.

Mon agente : Judy Hansen.

Ma famille!

Mes psychologues!!!

Mon adorable et réconfortant groupe d'amis, pour lequel aucun sujet n'est contre-indiqué.

Mes lecteurs, qui posent toujours les meilleures questions.

-Raina

Remarque de l'auteure

Courage m'a été inspiré par de vraies personnes, une vraie thérapie et de vrais souvenirs de ma quatrième et de ma cinquième année d'école, même si j'ai modifié certains détails afin de faciliter la lecture.

Durant la plus grande partie de ma vie, j'ai dû composer avec les maux de ventre et l'anxiété. Cela n'a jamais été facile, mais les choses se sont améliorées à mesure que j'apprenais, au fil des ans, à gérer ces difficultés. Dès l'âge de neuf ans, j'ai commencé à avoir des crises de panique qui survenaient sans prévenir et il m'est arrivé très souvent de manquer l'école. Je suis devenue obsédée par le moindre petit gargouillis étrange venu de mon ventre. L'idée de manger les « mauvais » aliments me terrorisait : j'étais convaincue qu'ils me rendraient malade. (Le terme médical qui désigne la peur excessive de vomir est « émétophobie », et il s'agit d'une peur assez répandue!)
Vous vous demandez peut-être comment je vais, plus de trois décennies

après le déroulement de cette histoire. Au cours des cinq dernières années, j'ai suivi une psychothérapie, une thérapie cognitive du comportement, une formation sur la pleine conscience, une intégration neuro-émotionnelle par les mouvements oculaires et une thérapie d'exposition. J'ai essayé des médicaments contre l'anxiété et j'utilise diverses applications électroniques pour méditer. Tout cela m'a aidée et m'aide encore, mais j'ai aussi compris que mes phobies et mes inquiétudes font partie de la personne que je suis et je m'efforce de les maîtriser autant que possible!

J'ai passé des quantités d'examens médicaux (maladie cœliaque, maladie de Crohn, colite ulcéreuse, etc.) et après avoir obtenu de nombreux résultats négatifs, j'ai appris à accepter le fait que tout va bien sur le plan médical. J'ai simplement un système digestif fragile, et je dois surveiller ce que je mange. Mon anxiété a aussi des conséquences sur mon corps : quand je suis stressée, mes problèmes de digestion se manifestent davantage.

Je veux m'assurer que mes lecteurs savent qu'il s'agit bien là de mon histoire personnelle. Il se peut que certains de mes combats soient aussi les vôtres, ou que vos défis soient complètement différents. Peut-être que vous ne ressentez pas du tout le stress physique ou émotionnel. Mais si vous éprouvez du stress ou des douleurs que vous ne comprenez pas, il faut en parler à un adulte en qui vous avez confiance. J'ai eu beaucoup de chance dans ma vie d'être entourée de gens qui m'ont soutenue et m'ont aidée à trouver des moyens de me sentir mieux.

Enfin, je veux vous encourager à parler de ce que vous ressentez, que ce soit en écrivant, en illustrant des dessins ou des bandes dessinées, en faisant de la musique ou du théâtre, ou tout simplement en vous confiant à vos amis. Il faut du courage pour admettre ce que vous ressentez à l'intérieur, mais dites-vous que si vous leur en parlez, les autres vous comprendront peut-être mieux que vous ne le pensez. Et la seule façon de le vérifier, c'est d'essayer!

Autres livres de
Raina Telgemeier

Livres de
Ann M. Martin
et Raina Telgemeier

Journal interactif

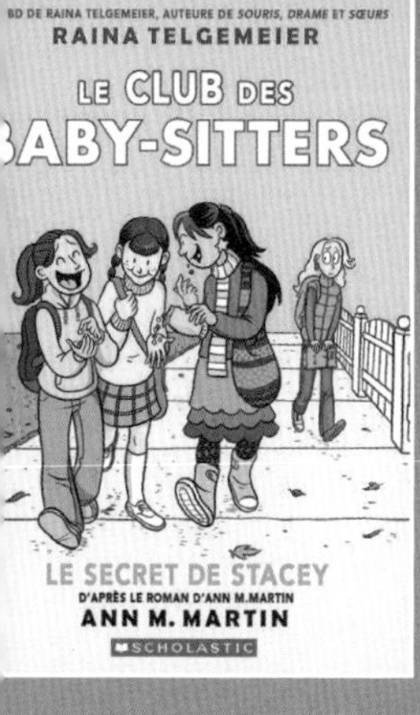

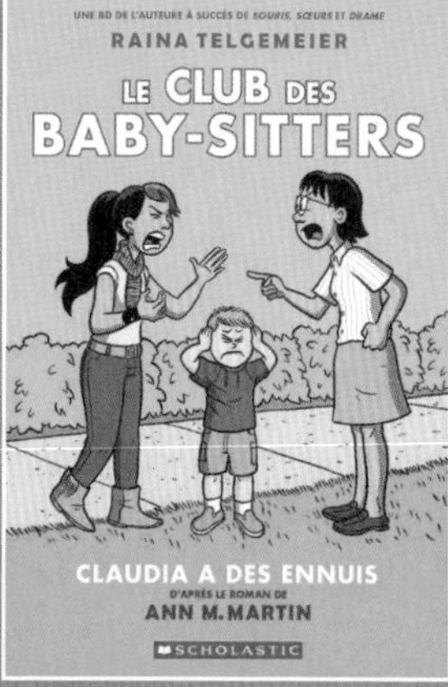

Raina Telgemeier est la créatrice de nombreux succès de librairie classés n°s 1 au palmarès du *New York Times*. Maintes fois lauréate du Eisner Award, elle est l'auteure des bandes dessinées *Souris!* et *Sœurs*, basées sur ses souvenirs d'enfance. Elle est également l'auteure des BD *Drame* et *Fantômes*, et elle a adapté et illustré les quatre premiers romans illustrés de la série *Le Club des Baby-Sitters*. Raina habite la région de la baie de San Francisco.